ともにささげるミサ

新訂版

〔ミサの式次第　会衆用〕

はじめに

この『ともにささげるミサ　新訂版』は、一九八八年の初版発行以来、広くご利用いただいてきた『ともにささげるミサ』を新たにしたものです。

本書は、『ローマ・ミサ典礼書』規範版第三版に基づく、日本カトリック典礼委員会編『新しい「ミサの式次第と第一～第四奉献文」の変更箇所——二〇二二年一一月二七日（待降節第一主日）からの実施に向けて』（カトリック中央協議会　二〇二一年一〇月二〇日発行）に準拠したミサの式次第として、会衆に直接関係する部分を中心に作られています。

この本を通して、ミサに参加する人々がミサの式次第と式文に親しみ、さらに主日ごとに発行されている会衆用パンフレット『聖書と典礼』によって、祈りのことばと賛美の歌に心を合わせることで、より充実した典礼がささげられることを願っております。

二〇二二年五月　オリエンス宗教研究所

本書の特徴と使い方

この式次第は会衆用ですので、式文や解説の中で、司式司祭や他の奉仕者だけに関することは最小限にとどめています。また、式次第の各項目の上に示している通し番号は、準拠元の番号とは異なります。

全体の構成は、ミサの進行の中で使いやすいように、ページを順に追っていけばよいようになっています。ただし、典礼暦に合わせた「回心の祈り 三」、叙唱、第一および第四奉献文、「水の祝福と灌水」は後ろにまとめて掲載しています。

本文の赤字の部分は説明で、黒の太字の部分が会衆または一同が声を出して唱えるところです。なお、「唱える」は、司式に応じて「歌う」ことも含まれます。

『ローマ・ミサ典礼書の総則』（42）は、「すべての参加者が共通の姿勢を守ることは、聖なる典礼のために集まったキリスト者共同体の成員の一致のしるしである。それは、参加者の意向と心情を表現し、はぐくむものだからである」と述べており、本書では、これに準じて式次第の下に赤字で**「立つ」**と**「座る」**を示しています。

目次

開祭

ことばの典礼

感謝の典礼

ミサの式次第

開祭

1　入祭の歌と行列　　立つ

会衆が集まると入祭の歌を歌う。その間に、司祭は奉仕者とともに祭壇へ行き、祭壇表敬の後、席に向かう。入祭の歌が終わると、司祭は次のことばを唱え、一同は自分に十字架のしるしをする。

司祭　父《ちち》と子《こ》と聖霊《せいれい》のみ名《な》によって。

会衆　アーメン。

2　あいさつ

司祭は会衆にあいさつする。

司祭　主《しゅ》イエス・キリストの恵《めぐ》み、神《かみ》の愛《あい》、聖《せい》霊《れい》の交《まじ》わりが皆《みな》さんとともに。

司祭　父《ちち》である神《かみ》と主《しゅ》イエス・キリストからの恵《めぐ》みと平和《へいわ》が皆《みな》さんとともに。

司祭　主《しゅ》は皆《みな》さんとともに。

（司教が司式する場合）

司教　平和《へいわ》が皆《みな》さんとともに。

会衆　またあなたとともに。

司祭、あるいは助祭または他の奉仕者は、簡潔なことばでその日のミサについて信者に説明することができる。

3　回心の祈り

司祭の招きの後、回心の祈り一、二、三、あるいは「水の祝福と灌水」を行う。

司祭は典礼暦に合わせて、たとえば次のようなことばで一同を回心へと招く。

主日、とくに復活節の主日に、洗礼の恵みを思い起こすために、通常の回心の祈りに代えて「水の祝福と灌水」が行われる場合は75ページ以下に続く。

司祭　皆《みな》さん、聖《せい》なる祭儀《さいぎ》を行《おこな》う前《まえ》に、わたしたちの罪《つみ》を認《みと》め、ゆるしを願《ねが》いましょう。

または

司祭　皆《みな》さん、わたしたちの罪《つみ》を思《おも》い、感謝《かんしゃ》の祭儀《さいぎ》を祝《いわ》う前《まえ》に心《こころ》を改《あらた》めましょう。

など

回心の祈り　一

短い沈黙の後、一同は手を合わせて頭を下げ、一般告白の式文を一緒に唱える。

回心の祈り　二

短い沈黙の後、次のように唱える。

一同　全能《ぜんのう》の神《かみ》と、兄弟姉妹《きょうだいしまい》の皆《みな》さんに告白《こくはく》します。わたしは、思《おも》い、ことば、行《おこな》い、怠《おこた》りによってたびたび罪《つみ》を犯《おか》しました。聖母《せいぼ》マリア、すべての天使《てんし》と聖人《せいじん》、そして兄弟姉妹《きょうだいしまい》の皆《みな》さん、罪深《つみふか》いわたしのために神《かみ》に祈《いの》ってください。

司祭　主《しゅ》よ、あわれみをわたしたちに。

会衆　わたしたちはあなたに罪《つみ》を犯《おか》しました。

司祭　主《しゅ》よ、いつくしみを示《しめ》し、

会衆　わたしたちに救《すく》いをお与《あた》えください。

続いて、司祭は罪のゆるしを祈る。

司祭　全能《ぜんのう》の神《かみ》、いつくしみ深《ふか》い父《ちち》がわたしたちの罪《つみ》をゆるし、永遠《えいえん》のいのちに導《みちび》いてくださいますように。

会衆　アーメン。

または

回心の祈り　三

司祭はたとえば次のようなことばで一同を回心へと招く。

司祭　**皆《みな》さん、聖《せい》なる祭儀《さいぎ》を行《おこな》う前《まえ》に、わたしたちの罪《つみ》を認《みと》め、ゆるしを願《ねが》いましょう。**

短い沈黙の後、先唱に続いて会衆は次のように唱える。聖書の朗読や典礼暦に合わせて他の先唱のことば（44－48ページ）に代えることができる。

先唱　打《う》ち砕《くだ》かれた心《こころ》をいやすために遣《つか》わされた主《しゅ》よ、いつくしみを。

会衆　**主《しゅ》よ、いつくしみをわたしたちに。**

先唱　罪《つみ》びとを招《まね》くために来《こ》られたキリスト、いつくしみを。

会衆　**キリスト、いつくしみをわたしたちに。**

先唱　父《ちち》の右《みぎ》の座《ざ》にあって、わたしたちのためにとりなしてくださる主《しゅ》よ、いつくしみを。

会衆　**主《しゅ》よ、いつくしみをわたしたちに。**

続いて、司祭は罪のゆるしを祈る。

司祭　全能《ぜんのう》の神《かみ》、いつくしみ深《ふか》い父《ちち》がわたしたちの罪《つみ》をゆるし、永遠《えいえん》のいのちに導《みちび》いてくださいますように。

会衆　アーメン。

4　いつくしみの賛歌（キリエ）

（一）あるいは（二）を歌うか唱える。「回心の祈り　三」を用いた場合は省く。

（一）

先唱　主《しゅ》よ、いつくしみを。

会衆　主《しゅ》よ、いつくしみをわたしたちに。

先唱　キリスト、いつくしみを。

会衆　キリスト、いつくしみをわたしたちに。

先唱　主《しゅ》よ、いつくしみを。

会衆　主《しゅ》よ、いつくしみをわたしたちに。

（二）

先唱　キリエ、エレイソン。

会衆　キリエ、エレイソン。

先唱　クリステ、エレイソン。

会衆　クリステ、エレイソン。

先唱　キリエ、エレイソン。

会衆　キリエ、エレイソン。

5 栄光の賛歌（グロリア）

待降節と四旬節以外の主日、およびすべての祭日と祝日、さらにとくに盛大な祭儀の時に歌うか唱える。司祭、あるいは適当であれば先唱者か聖歌隊が歌い始めるが、全員が一緒に、あるいは会衆と聖歌隊とが交互に、あるいは聖歌隊が歌う。

唱える場合には、一同が一緒に、もしくは二つに分かれて交互に応唱して唱える。

天《てん》には神《かみ》に栄光《えいこう》、
地《ち》にはみ心《こころ》にかなう人《ひと》に平和《へいわ》。
神《かみ》なる主《しゅ》、天《てん》の王《おう》、全能《ぜんのう》の父《ちち》なる神《かみ》よ。
わたしたちは主《しゅ》をほめ、主《しゅ》をたたえ、
主《しゅ》を拝《おが》み、主《しゅ》をあがめ、
主《しゅ》の大《おお》いなる栄光《えいこう》のゆえに感謝《かんしゃ》をささげます。
主《しゅ》なる御《おん》ひとり子《ご》イエス・キリストよ、
神《かみ》なる主《しゅ》、神《かみ》の小羊《こひつじ》、父《ちち》のみ子《こ》よ、
世《よ》の罪《つみ》を取《と》り除《のぞ》く主《しゅ》よ、いつくしみをわたしたちに。
世《よ》の罪《つみ》を取《と》り除《のぞ》く主《しゅ》よ、わたしたちの願《ねが》いを聞《き》き入《い》れてください。
父《ちち》の右《みぎ》に座《ざ》しておられる主《しゅ》よ、いつくしみをわたしたちに。

ただひとり聖《せい》なるかた、すべてを越《こ》える唯一《ゆいいつ》の主《しゅ》、
イエス・キリストよ、
聖霊《せいれい》とともに父《ちち》なる神《かみ》の栄光《えいこう》のうちに。
アーメン。

6 集会祈願

司祭は会衆を祈りに招く。

司祭　祈《いの》りましょう。

一同は司祭とともにしばらく沈黙のうちに祈る。
続いて、司祭は集会祈願を唱え、会衆は結びにはっきりと唱える。

司祭　……聖霊《せいれい》による一致《いっち》のうちに、あなたとともに神《かみ》であり、世々《よよ》とこしえに生《い》き、治《おさ》められる御子《おんこ》、わたしたちの主《しゅ》イエス・キリストによって。

または

司祭　……神《かみ》であり、生《い》きて、治《おさ》めておられます、世々《よよ》とこしえに。
会衆　アーメン。

ことばの典礼

7 第一朗読　座る

朗読者は朗読台に行き、第一朗読を行う。
朗読の終わりを示すため、朗読者は手を合わせてはっきりと唱える。

朗読者　神《かみ》のみことば。
一同　**神《かみ》に感謝《かんしゃ》。**

続いて、朗読者は聖書に一礼して席に戻る。一同は沈黙のうちに、神のことばを味わう。

8 答唱詩編

詩編唱者あるいは先唱者は詩編を歌うかまたは唱え、会衆は答唱する。

9 第二朗読

その後、第二朗読が行われる場合、第一朗読と同じように行われる。

10 アレルヤ唱（詠唱）　立つ

一同は起立し、典礼季節に応じて、アレルヤ唱あるいは詠唱を歌う。
献香をする場合、司祭は歌の間に香炉に香を入れる。

11　福音朗読

助祭あるいは司祭は朗読台に行く。必要に応じて香炉と火をともしたロウソクを持つ奉仕者が先導する。

助祭あるいは司祭は言う。

助祭　主《しゅ》は皆《みな》さんとともに。

会衆　**またあなたとともに。**

助祭　〇〇による福音《ふくいん》。

会衆は、助祭あるいは司祭とともに、額、口、胸に十字架のしるしをして、はっきりと唱える。

会衆　**主《しゅ》に栄光《えいこう》。**

福音朗読が終わると、助祭あるいは司祭は朗読福音書を両手で掲げてはっきりと唱える。

助祭　主《しゅ》のみことば。

一同　**キリストに賛美《さんび》。**

座る

12　説教

すべての主日と守るべき祝日には、司祭あるいは助祭によって説教が行われる。

13 信仰宣言　立つ

すべての主日と祭日、およびより盛大に祝われる特別な祭儀に、一同は以下のいずれかの信条を歌うかまたは唱えて信仰宣言を行う。歌う場合は『典礼聖歌』の新版などを参照。

ニケア・コンスタンチノープル信条

わたしは信《しん》じます。唯一《ゆいいつ》の神《かみ》、全能《ぜんのう》の父《ちち》、
天《てん》と地《ち》、見《み》えるもの、見《み》えないもの、
すべてのものの造《つく》り主《ぬし》を。
わたしは信《しん》じます。唯一《ゆいいつ》の主《しゅ》イエス・キリストを。
主《しゅ》は神《かみ》のひとり子《ご》、すべてに先立《さきだ》って父《ちち》より生《う》まれ、
神《かみ》よりの神《かみ》、光《ひかり》よりの光《ひかり》、まことの神《かみ》よりのまことの神《かみ》、
造《つく》られることなく生《う》まれ、父《ちち》と一体《いったい》。
すべては主《しゅ》によって造《つく》られました。
主《しゅ》は、わたしたち人類《じんるい》のため、
わたしたちの救《すく》いのために天《てん》からくだり、

以下、「人《ひと》となられました」まで一同は礼をする。

聖霊《せいれい》によって、おとめマリアよりからだを受《う》け、人《ひと》となられました。
ポンティオ・ピラトのもとで、

使徒信条

天地《てんち》の創造主《そうぞうしゅ》、
全能《ぜんのう》の父《ちち》である神《かみ》を信《しん》じます。
父《ちち》のひとり子《ご》、わたしたちの主《しゅ》
イエス・キリストを信《しん》じます。

以下、「おとめマリアから生《う》まれ」まで
一同は礼をする。

主《しゅ》は聖霊《せいれい》によってやどり、
おとめマリアから生《う》まれ、
ポンティオ・ピラトのもとで苦《くる》しみ
を受《う》け、
十字架《じゅうじか》につけられて死《し》に、葬《ほうむ》られ、
陰府《よみ》に下《くだ》り、

わたしたちのために十字架《じゅうじか》につけられ、苦《くる》しみを受《う》け、葬《ほうむ》られ、
聖書《せいしょ》にあるとおり三日目《みっかめ》に復活《ふっかつ》し、
天《てん》に昇《のぼ》り、父《ちち》の右《みぎ》の座《ざ》に着《つ》いておられます。
主《しゅ》は、生者《せいしゃ》と死者《ししゃ》を裁《さば》くために栄光《えいこう》のうちに再《ふたた》び来《こ》られます。
その国《くに》は終《お》わることがありません。
わたしは信《しん》じます。主《しゅ》であり、いのちの与《あた》え主《ぬし》である聖霊《せいれい》を。
聖霊《せいれい》は、父《ちち》と子《こ》から出《で》て、父《ちち》と子《こ》とともに礼拝《れいはい》され、栄光《えいこう》を受《う》け、
また預言者《よげんしゃ》をとおして語《かた》られました。
わたしは、聖《せい》なる、普遍《ふへん》の、使徒的《しとてき》、唯一《ゆいいつ》の教会《きょうかい》を信《しん》じます。
罪《つみ》のゆるしをもたらす唯一《ゆいいつ》の洗礼《せんれい》を認《みと》め、
死者《ししゃ》の復活《ふっかつ》と来世《らいせ》のいのちを待《ま》ち望《のぞ》みます。
アーメン。

三日目《みっかめ》に死者《ししゃ》のうちから復活《ふっかつ》し、
天《てん》に昇《のぼ》って、
全能《ぜんのう》の父《ちち》である神《かみ》の右《みぎ》の座《ざ》に着《つ》き、
生者《せいしゃ》と死者《ししゃ》を裁《さば》くために来《こ》られます。
聖霊《せいれい》を信《しん》じ、
聖《せい》なる普遍《ふへん》の教会《きょうかい》、
聖徒《せいと》の交《まじ》わり、
罪《つみ》のゆるし、
からだの復活《ふっかつ》、
永遠《えいえん》のいのちを信《しん》じます。
アーメン。

14　共同祈願（信者の祈り）

意向は通常、次の順序で行う。①教会の必要のため、②国政にたずさわる人々と全世界の救いのため、③困難に悩む人々のため、④現地の共同体のため。

会衆は各意向の後に応唱し、司祭が唱える祈りの結びにはっきりと唱える。

会衆　**アーメン。**

感謝の典礼

供えものの準備　　　　座る

15　祭壇の準備

ことばの典礼が終わると奉納の歌が始まる。その間に、奉仕者が必要なものを祭壇に準備する。

16　奉納行列

信者の代表はパンとぶどう酒、また、教会と貧しい人を助けるためのその他の供えものを運ぶ。

17　パンとぶどう酒を供える祈り

司祭は祭壇に行き、次の祈りを小声で唱える。奉納の歌を歌わない場合、司祭はこの祈りをはっきりと唱え、結びに会衆ははっきりと唱えることができる。

司祭　神《かみ》よ、あなたは万物《ばんぶつ》の造《つく》り主《ぬし》。
ここに供《そな》えるパンはあなたからいただいたもの、

大地《だいち》の恵《めぐ》み、労働《ろうどう》の実《みの》り、
わたしたちのいのちの糧《かて》となるものです。

会衆 **神《かみ》よ、あなたは万物《ばんぶつ》の造《つく》り主《ぬし》。**

助祭または司祭は、ぶどう酒と少量の水をカリスに注いで祈る。

司祭 神《かみ》よ、あなたは万物《ばんぶつ》の造《つく》り主《ぬし》。
ここに供《そな》えるぶどう酒《しゅ》はあなたからいただいたもの、
大地《だいち》の恵《めぐ》み、労働《ろうどう》の実《みの》り、
わたしたちの救《すく》いの杯《さかずき》となるものです。

会衆 **神《かみ》よ、あなたは万物《ばんぶつ》の造《つく》り主《ぬし》。**

18 献香

必要に応じて、供えものと十字架と祭壇に献香する。
その後、助祭または他の奉仕者が司祭と会衆に献香する。

19 清め

続いて、司祭は祭壇の脇で手を洗い、静かに祈る。

20　祈りへの招き

司祭は祭壇の中央に立ち、会衆に向かって、次の招きのことばを述べる。

司祭　皆《みな》さん、ともにささげるこのいけにえを、全能《ぜんのう》の父《ちち》である神《かみ》が受《う》け入《い》れてくださるよう祈《いの》りましょう。

会衆は立って答える。

会衆　**神《かみ》の栄光《えいこう》と賛美《さんび》のため、またわたしたちと全教会《ぜんきょうかい》のために、あなたの手《て》を通《とお》しておささげするいけにえを、神《かみ》が受《う》け入《い》れてくださいますように。**

一同はその後、しばらく沈黙のうちに祈る。

21　奉納祈願

司祭は奉納祈願を唱え、会衆は結びにはっきりと唱える。

立つ

司祭　……わたしたちの主《しゅ》イエス・キリストによって。
または
……主《しゅ》キリストは生《い》きて、治《おさ》めておられます、世々《よよ》とこしえに。
会衆　アーメン。

奉献文（エウカリスティアの祈り）

司祭は奉献文を始める。司祭は手を広げて言う。歌う場合には会衆の（です）は省く。

司祭　主《しゅ》は皆《みな》さんとともに。
会衆　またあなたとともに。
司祭　心《こころ》をこめて、
会衆　神《かみ》を仰《あお》ぎ、
司祭　賛美《さんび》と感謝《かんしゃ》をささげましょう。
会衆　それはとうとい大切《たいせつ》な務《つと》め（です）。

22 叙唱

司祭は叙唱を唱える。主な叙唱が51～62ページに収められている。

司祭　聖《せい》なる父《ちち》、全能永遠《ぜんのうえいえん》の神《かみ》、……あなたの栄光《えいこう》を終《お》わりなくほめ歌《うた》います。

または

聖《せい》なる父《ちち》、全能永遠《ぜんのうえいえん》の神《かみ》、……感謝《かんしゃ》の賛歌《さんか》をささげます。

または

聖《せい》なる父《ちち》、全能永遠《ぜんのうえいえん》の神《かみ》、……賛美《さんび》の歌《うた》を歌《うた》います。

または

聖《せい》なる父《ちち》よ、……あなたの栄光《えいこう》をたたえて。

または

聖《せい》なる父《ちち》よ、……あなたをたたえて歌《うた》います。

など

23　感謝の賛歌（サンクトゥス）

叙唱の終わりに、司祭は手を合わせる。会衆は司祭とともに感謝の賛歌（サンクトゥス）を歌うか、はっきりと唱える。

一同　**聖《せい》なる、聖《せい》なる、聖《せい》なる神《かみ》、すべてを治《おさ》める神《かみ》なる主《しゅ》。**
主《しゅ》の栄光《えいこう》は天地《てんち》に満《み》つ。
天《てん》には神《かみ》にホザンナ。
主《しゅ》の名《な》によって来《こ》られるかたに賛美《さんび》。
天《てん》には神《かみ》にホザンナ。

司祭は奉献文を続ける。奉献文の間、会衆は司祭とともに立っている。
すべてのミサにおいて、司式司祭は、奉献文の旋律のつけられた部分、とくに主司式の部分を歌うことができる。第二・第三奉献文が以下に収められている。なお、第一奉献文（ローマ典文）は64～69ページ、第四奉献文は70～74ページにある。

24 第二奉献文

司祭は唱える。

まことに聖《せい》なる神《かみ》、
すべての聖性《せいせい》の源《みなもと》である父《ちち》よ、
いま、聖霊《せいれい》を注《そそ》ぎ、この供《そな》えものを
聖《せい》なるものとしてください。
わたしたちのために、
主《しゅ》イエス・キリストの
御《おん》からだと ✠ 御血《おんち》になりますように。
主《しゅ》イエスはすすんで受難《じゅなん》に向《む》かう前《まえ》に、
パンを取《と》り、感謝《かんしゃ》をささげ、裂《さ》いて、
弟子《でし》に与《あた》えて仰《おお》せになりました。
「皆《みな》、これを取《と》って食《た》べなさい。

---

25 第三奉献文

司祭は唱える。

まことに聖《せい》なる父《ちち》よ、
造《つく》られたものはすべて、あなたをほめたたえています。
御子《おんこ》わたしたちの主《しゅ》イエス・キリストを通《とお》して、
聖霊《せいれい》の力強《ちからづよ》い働《はたら》きにより、
すべてにいのちを与《あた》え、聖《せい》なるものとし、
たえず人々《ひとびと》をあなたの民《たみ》としてお集《あつ》めになるからです。
日《ひ》の昇《のぼ》る所《ところ》から日《ひ》の沈《しず》む所《ところ》まで、
あなたに清《きよ》いささげものが供《そな》えられるために。
聖《せい》なる父《ちち》よ、
あなたにささげるこの供《そな》えものを、
いま、聖霊《せいれい》によって聖《せい》なるものとしてください。
御子《おんこ》わたしたちの主《しゅ》イエス・キリストの
御《おん》からだと ✠ 御血《おんち》になりますように。
キリストのことばに従《したが》って、
いま、わたしたちはこの神秘《しんぴ》を祝《いわ》います。

これはあなたがたのために渡《わた》される
わたしのからだ（である）。」

司祭がホスティアを示した後、会衆
は司祭とともに手を合わせて深く礼
をする。

食事《しょくじ》の後《あと》に同《おな》じように杯《さかずき》を取《と》り、
感謝《かんしゃ》をささげ、
弟子《でし》に与《あた》えて仰《おお》せになりました。
「皆《みな》、これを受《う》けて飲《の》みなさい。
これはわたしの血《ち》の杯《さかずき》、
あなたがたと多《おお》くの人《ひと》のために流《なが》されて
罪《つみ》のゆるしとなる
新《あたら》しい永遠《えいえん》の契約《けいやく》の血《ち》（である）。
これをわたしの記念《きねん》として行《おこな》いなさい。」

主《しゅ》イエスは渡《わた》される夜《よる》、
パンを取《と》り、
あなたに賛美《さんび》と感謝《かんしゃ》をささげ、裂《さ》いて、
弟子《でし》に与《あた》えて仰《おお》せになりました。
「皆《みな》、これを取《と》って食《た》べなさい。
これはあなたがたのために渡《わた》される
わたしのからだ（である）。」

司祭がホスティアを示した後、会衆は司祭とともに
手を合わせて深く礼をする。

食事《しょくじ》の後《あと》に同《おな》じように杯《さかずき》を取《と》り、
あなたに賛美《さんび》と感謝《かんしゃ》をささげ、
弟子《でし》に与《あた》えて仰《おお》せになりました。
「皆《みな》、これを受《う》けて飲《の》みなさい。
これはわたしの血《ち》の杯《さかずき》、
あなたがたと多《おお》くの人《ひと》のために流《なが》されて
罪《つみ》のゆるしとなる新《あたら》しい永遠《えいえん》の契約《けいやく》の血《ち》（である）。
これをわたしの記念《きねん》として行《おこな》いなさい。」

司祭がカリスを示した後、会衆は司祭とともに手を合わせて深く礼をする。
続いて、司祭は唱える。

司祭　信仰《しんこう》の神秘《しんぴ》。

会衆は以下のいずれかをはっきりと唱える。

会衆　主《しゅ》よ、あなたの死《し》を告《つ》げ知《し》らせ、復活《ふっかつ》をほめたたえます。
再《ふたた》び来《こ》られるときまで。

または

会衆　主《しゅ》よ、このパンを食《た》べ、この杯《さかずき》を飲《の》むたびに、
あなたの死《し》を告《つ》げ知《し》らせます。再《ふたた》び来《こ》られるときまで。

または

会衆　十字架《じゅうじか》と復活《ふっかつ》によってわたしたちを解放《かいほう》された世《よ》の救《すく》い主《ぬし》、
わたしたちをお救《すく》いください。

聖《せい》なる父《ちち》よ、
わたしたちはいま、
主《しゅ》イエスの死《し》と復活《ふっかつ》の記念《きねん》を行《おこな》い、

聖《せい》なる父《ちち》よ、わたしたちはいま、御子《おんこ》キリストの救《すく》い
をもたらす受難《じゅなん》、復活《ふっかつ》、昇天《しょうてん》を記念《きねん》し、その再臨《さいりん》を待《ま》
ち望《のぞ》み、いのちに満《み》ちたこの聖《せい》なるいけにえを感謝《かんしゃ》し
てささげます。

み前《まえ》であなたに奉仕《ほうし》できることを感謝《かんしゃ》し、
いのちのパンと救《すく》いの杯《さかずき》をささげます。

キリストの御《おん》からだと御《おん》血《ち》に
ともにあずかるわたしたちが、
聖霊《せいれい》によって一《ひと》つに結《むす》ばれますように。

世界《せかい》に広《ひろ》がるあなたの教会《きょうかい》を思《おも》い起《お》こし、
教皇《きょうこう》○○○○、
わたしたちの司教《しきょう》○○○○、（協働司教及び補佐司教の名を加えることができる）
すべての奉仕者《ほうししゃ》とともに、
あなたの民《たみ》を
まことの愛《あい》で満《み》たしてください。←

あなたの教会《きょうかい》のささげものを顧《かえり》み、まことの和解《わかい》のいけにえとして認《みと》め、受《う》け入《い》れてください。

御子《おんこ》キリストの御《おん》からだと御《おん》血《ち》によってわたしたちが養《やしな》われ、聖霊《せいれい》に満《み》たされて、キリストのうちに、一《ひと》つのからだ、一《ひと》つの心《こころ》となりますように。

聖霊《せいれい》によってわたしたちを、あなたにささげられた永《えい》遠《えん》の供《そな》えものとしてください。選《えら》ばれた人々《ひとびと》、神《かみ》の母《はは》おとめマリアと聖《せい》ヨセフ、使徒《しと》と殉教者《じゅんきょうしゃ》、（聖《せい》○○○○、（その日の聖人または保護の聖人名））、すべての聖人《せいじん》とともに神《かみ》の国《くに》を継《つ》ぎ、その取《と》り次《つ》ぎによってたえず助《たす》けられますように。

わたしたちの罪《つみ》のゆるしとなるこのいけにえが、全世《ぜんせ》界《かい》の平和《へいわ》と救《すく》いのためになりますように。

地上《ちじょう》を旅《たび》するあなたの教会《きょうかい》、教皇《きょうこう》○○○○、わたしたちの司教《しきょう》○○○○、（協働司教及び補佐司教の名を加えることができる）司教団《しきょうだん》とすべての奉仕者《ほうししゃ》を導《みちび》き、あなたの民《たみ》となったすべての人《ひと》の信仰《しんこう》と愛《あい》を強《つよ》めてください。←

特定の死者のためのミサの場合は、
次の祈りを加えることができる。

(きょう)この世《よ》からあなたのもとに
召《め》された〇〇〇〇を心《こころ》に留《と》めてくだ
さい。
洗礼《せんれい》によってキリストの死《し》に結《むす》ばれ
た者《もの》が、その復活《ふっかつ》にも結《むす》ばれますよ
うに。

また、復活《ふっかつ》の希望《きぼう》をもって眠《ねむ》りについた
わたしたちの兄弟姉妹《きょうだいしまい》と、
あなたのいつくしみのうちに亡《な》くなった
すべての人《ひと》を心《こころ》に留《と》め、
あなたの光《ひかり》の中《なか》に受《う》け入《い》れてください。

あなたがここにお集《あつ》めになったこの家族《かぞく》の願《ねが》いを聞《き》き
入《い》れてください。
いつくしみ深《ふか》い父《ちち》よ、あなたの子《こ》がどこにいても、す
べてあなたのもとに呼《よ》び寄《よ》せてください。

特定の死者のためのミサの場合は、†〜†の部
分で点線内の祈りを唱えることができる。

† 亡《な》くなったわたしたちの兄弟姉妹《きょうだいしまい》、また、み旨《むね》に
従《したが》って生活《せいかつ》し、いまはこの世《よ》を去《さ》ったすべての人《ひと》を、
あなたの国《くに》に受《う》け入《い》れてください。
わたしたちもいつかその国《くに》で、いつまでもともにあな
たの栄光《えいこう》にあずかり、喜《よろこ》びに満《み》たされますように。
わたしたちの主《しゅ》イエス・キリストを通《とお》して、あなたは
すべてのよいものを世《よ》にお与《あた》えになります。†

34ページに続く。

† (きょう、) この世《よ》からあなたのもとに召《め》された
〇〇〇〇を心《こころ》に留《と》めてください。

感謝の典礼

いま、ここに集《つど》うわたしたちをあわれみ、神《かみ》の母《はは》おとめマリアと聖《せい》ヨセフ、使徒《しと》とすべての時代《じだい》の聖人《せいじん》とともに、永遠《えいえん》のいのちにあずからせてください。

御子《おんこ》イエス・キリストを通《とお》して、あなたをほめたたえることができますように。

洗礼《せんれい》によってキリストの死《し》にあずかった者《もの》が、その復活《ふっかつ》にもあずかることができますように。キリストは死者《ししゃ》を復活《ふっかつ》させるとき、滅《ほろ》びゆくわたしたちのからだを、ご自分《じぶん》の栄光《えいこう》のからだに変《か》えてくださいます。

また、亡《な》くなったわたしたちの兄弟姉妹《きょうだいしまい》、み旨《むね》に従《したが》って生活《せいかつ》し、いまはこの世《よ》を去《さ》ったすべての人《ひと》を、あなたの国《くに》に受《う》け入《い》れてください。

わたしたちもいつかその国《くに》で、いつまでもともにあなたの栄光《えいこう》にあずかり、喜《よろこ》びに満《み》たされますように。そのときあなたは、わたしたちの目《め》から涙《なみだ》をすべてぬぐい去《さ》り、わたしたちは神《かみ》であるあなたをありのままに見《み》て、永遠《えいえん》にあなたに似《に》るものとなり、終《お》わりなくあなたをたたえることができるのです。

わたしたちの主《しゅ》イエス・キリストを通《とお》して、あなたはすべてのよいものを世《よ》にお与《あた》えになります。†

司祭はホスティアを載せたパテナとカリスを手に取り、高く掲げて唱える。

司祭　キリストによってキリストとともにキリストのうちに、
聖霊《せいれい》の交《まじ》わりの中《なか》で、
全能《ぜんのう》の神《かみ》、父《ちち》であるあなたに、
すべての誉《ほま》れと栄光《えいこう》は、世々《よよ》に至《いた》るまで、

会衆はっきりと唱える。

会衆　アーメン。

交わりの儀（コムニオ）

26　主の祈り

司祭は、たとえば次のようなことばで会衆を主の祈りに招く。

司祭　主《しゅ》の教《おし》えを守《まも》り、みことばに従《したが》い、つつしんで主《しゅ》の祈《いの》りを唱《とな》えましょう。

会衆は司祭とともに唱える。

一同　天《てん》におられるわたしたちの父《ちち》よ、
み名《な》が聖《せい》とされますように。
み国《くに》が来《き》ますように。
みこころが天《てん》に行《おこな》われるとおり地《ち》にも行《おこな》われますように。
わたしたちの日《ひ》ごとの糧《かて》を今日《きょう》もお与《あた》えください。
わたしたちの罪《つみ》をおゆるしください。わたしたちも人《ひと》をゆるします。
わたしたちを誘惑《ゆうわく》におちいらせず、
悪《あく》からお救《すく》いください。

司祭　いつくしみ深《ふか》い父《ちち》よ、すべての悪《あく》からわたしたちを救《すく》い、
世界《せかい》に平和《へいわ》をお与《あた》えください。
あなたのあわれみに支《ささ》えられて、罪《つみ》から解放《かいほう》され、
すべての困難《こんなん》に打《う》ち勝《か》つことができますように。

わたしたちの希望《きぼう》、救《すく》い主《ぬし》イエス・キリストが来《こ》られるのを待《ま》ち望《のぞ》んでいます。

会衆ははっきりと唱える。

会衆　**国《くに》と力《ちから》と栄光《えいこう》は、永遠《えいえん》にあなたのもの。**

27　教会に平和を願う祈り

司祭　主《しゅ》イエス・キリスト、あなたは使徒《しと》に仰《おお》せになりました。「わたしは平和《へいわ》を残《のこ》し、わたしの平和《へいわ》をあなたがたに与《あた》える。」主《しゅ》よ、わたしたちの罪《つみ》ではなく、教会《きょうかい》の信仰《しんこう》を顧《かえり》み、おことばのとおり教会《きょうかい》に平和《へいわ》と一致《いっち》をお与《あた》えください。あなたはまことのいのち、すべてを導《みちび》かれる神《かみ》、世々《よよ》とこしえに。

会衆　**アーメン。**

28　平和のあいさつ

司祭と会衆との間で次のように平和のあいさつが交わされる。

司祭　主《しゅ》の平和《へいわ》がいつも皆《みな》さんとともに。

会衆　**またあなたとともに。**

状況に応じて、助祭または司祭は次のように続ける。

助祭　互《たが》いに平和《へいわ》のあいさつを交《か》わしましょう。

一同は平和と一致と愛を示すために、地域の慣習に従って互いにあいさつを交わす。

日本では手を合わせ、「主《しゅ》の平和《へいわ》」と言って互いに礼をすることができる。

29　パンの分割

司祭はホスティアを取ってパテナの上で裂き、小片をカリスの中に入れて、静かに祈る。

30　平和の賛歌（アニュス・デイ）

パンが裂かれている間に、平和の賛歌（アニュス・デイ）を歌うか、または唱える。

会衆　**世《よ》の罪《つみ》を取《と》り除《のぞ》く神《かみ》の小羊《こひつじ》、いつくしみをわたしたちに。**
世《よ》の罪《つみ》を取《と》り除《のぞ》く神《かみ》の小羊《こひつじ》、いつくしみをわたしたちに。
世《よ》の罪《つみ》を取《と》り除《のぞ》く神《かみ》の小羊《こひつじ》、平和《へいわ》をわたしたちに。

何度か繰り返されるときも、最後に「平和《へいわ》をわたしたちに」で結ぶ。

31　拝領前の信仰告白

司祭は会衆に向かって唱える。

司祭　世《よ》の罪《つみ》を取《と》り除《のぞ》く神《かみ》の小羊《こひつじ》。神《かみ》の小羊《こひつじ》の食卓《しょくたく》に招《まね》かれた人《ひと》は幸《さいわ》い。

会衆は司祭とともに以下のいずれかを唱える。

一同　主《しゅ》よ、わたしはあなたをお迎《むか》えするにふさわしい者《もの》ではありません。おことばをいただくだけで救《すく》われます。

または

一同　主《しゅ》よ、あなたは神《かみ》の子《こ》キリスト、永遠《えいえん》のいのちの糧《かて》、あなたをおいてだれのところに行《ゆ》きましょう。

32　司祭の拝領

司祭が拝領する。

33　信者の拝領

その後、司祭は拝領者に近づき、ホスティアを取って拝領者一人ひとりに示して言う。

司祭　**キリストの御《おん》からだ。**

拝領者　アーメン。

拝領者はホスティアを受けると、すぐにすべてを拝領して席に戻る。

御血をカリスから拝領する場合、司祭は「キリストの御《おん》血《ち》」と言い、拝領者は「アーメン」と答えてカリスを受け取り、拝領する。

両形態による拝領の場合、司祭はホスティアを御血に浸し、拝領者に示して「キリストの御《おん》からだと御《おん》血《ち》」と言い、拝領者は「アーメン」と答えて口で拝領する。

座る

拝領後、一同はしばらく聖なる沈黙のうちに祈る。適当であれば、詩編か他の賛美の歌、もしくは賛歌を歌うことができる。

34 拝領祈願

立つ

司祭は会衆を祈りに招く。

司祭 祈《いの》りましょう。

一同は司祭とともにしばらく沈黙のうちに祈る。続いて、司祭は拝領祈願を唱え、会衆はその結びにはっきりと唱える。

司祭 ……わたしたちの主《しゅ》イエス・キリストによって。

または

……主《しゅ》キリストは生《い》きて、治《おさ》めておられます、世々《よよ》とこしえに。

または

……あなたは生《い》きて、治《おさ》めておられます、世々《よよ》とこしえに。

会衆 **アーメン。**

閉祭

35　お知らせ

必要があれば、会衆への短いお知らせが行われる。

36　派遣の祝福

続いて派遣の祝福が行われる。

司祭　主《しゅ》は皆《みな》さんとともに。

会衆　**またあなたとともに。**

司祭は会衆を祝福して唱える。

司祭　全能《ぜんのう》の神《かみ》、父《ちち》と子《こ》と聖霊《せいれい》の祝福《しゅくふく》が ✠ 皆《みな》さんの上《うえ》にありますように。

会衆　**アーメン。**

この祝福のことばの前に、他のより荘厳な祝福、あるいは「会衆のための祈願」が行われることもある。

司教が司式するミサでは、次のように唱える。

司教　主《しゅ》は皆《みな》さんとともに。

会衆　**またあなたとともに。**

司教　主《しゅ》のみ名《な》がいつもたたえられますように。

会衆　**いまよりとこしえに。**

司教　主《しゅ》のみ名《な》はわたしたちの助《たす》け。

会衆　**主《しゅ》は天地《てんち》の造《つく》り主《ぬし》。**

司教　全能《ぜんのう》の神《かみ》、父《ちち》と ✠ 子《こ》と ✠ 聖霊《せいれい》の ✠ 祝福《しゅくふく》が皆《みな》さんの上《うえ》にありますように。

会衆　**アーメン。**

37　閉祭のことば

助祭または司祭は次のことばで閉祭を告げる。

復活の八日間と聖霊降臨の日にはアレルヤを加える。

司祭　感謝《かんしゃ》の祭儀《さいぎ》を終《お》わります。

行《ゆ》きましょう、主《しゅ》の平和《へいわ》のうちに。

または

司祭　（感謝《かんしゃ》の祭儀《さいぎ》を終《お》わります。）

行《ゆ》きましょう、主《しゅ》の福音《ふくいん》を告《つ》げ知《し》らせるために。

または

司祭　（感謝《かんしゃ》の祭儀《さいぎ》を終《お》わります。）

平和《へいわ》のうちに行《ゆ》きましょう、日々《ひび》の生活《せいかつ》の中《なか》で主《しゅ》の栄光《えいこう》をあらわすために。

会衆　神《かみ》に感謝《かんしゃ》。

38　退堂

開祭と同じように、司祭は奉仕者とともに祭壇に表敬してから退堂する。

他の祭儀が続く場合、派遣の式は省かれる。

39　典礼暦に合わせた「回心の祈り　三」

短い沈黙の後、司祭あるいは助祭または他の奉仕者は聖書の朗読箇所や典礼暦に合わせて、次のようなことばを先唱し、会衆は応唱する。

待降節　一（第一主日から12月16日まで）

先唱　闇《やみ》にさまよう民《たみ》を救《すく》うために来《こ》られる主《しゅ》よ、いつくしみを。

会衆　主《しゅ》よ、いつくしみをわたしたちに。

先唱　光《ひかり》として世《よ》に来《こ》られるキリスト、いつくしみを。

会衆　キリスト、いつくしみをわたしたちに。

先唱　すべてを新《あら》たにするために再《ふたた》び来《こ》られる主《しゅ》よ、いつくしみを。

会衆　主《しゅ》よ、いつくしみをわたしたちに。

待降節　二（12月17日から12月24日まで）

先唱　洗礼者《せんれいしゃ》ヨハネを通《とお》して回心《かいしん》を呼《よ》びかけてくださる主《しゅ》よ、いつくしみを。

会衆　主《しゅ》よ、いつくしみをわたしたちに。

先唱　聖霊《せいれい》によっておとめマリアに宿《やど》られたキリスト、いつくしみを。

会衆　キリスト、いつくしみをわたしたちに。

先唱　救《すく》いの喜《よろこ》びをもたらしてくださる主《しゅ》よ、いつくしみを。

会衆　主《しゅ》よ、いつくしみをわたしたちに。

降誕節　一

先唱　おとめマリアからお生《う》まれになった主《しゅ》よ、いつくしみを。
会衆　主《しゅ》よ、いつくしみをわたしたちに。
先唱　人類《じんるい》を救《すく》うために人《ひと》となられたキリスト、いつくしみを。
会衆　キリスト、いつくしみをわたしたちに。
先唱　わたしたちのうちに住《す》まわれた主《しゅ》よ、いつくしみを。
会衆　主《しゅ》よ、いつくしみをわたしたちに。

降誕節　二

先唱　飼《か》い葉《ば》桶《おけ》に眠《ねむ》られる主《しゅ》よ、いつくしみを。
会衆　主《しゅ》よ、いつくしみをわたしたちに。
先唱　羊飼《ひつじか》いにご自分《じぶん》を示《しめ》されるキリスト、いつくしみを。

↘

会衆　キリスト、いつくしみをわたしたちに。
先唱　真理《しんり》を求《もと》める人《ひと》を星《ほし》によって導《みちび》かれる主《しゅ》よ、いつくしみを。
会衆　主《しゅ》よ、いつくしみをわたしたちに。

四旬節　一

先唱　荒《あ》れ野《の》で祈《いの》り、誘惑《ゆうわく》に打《う》ち勝《か》たれた主《しゅ》よ、いつくしみを。
会衆　主《しゅ》よ、いつくしみをわたしたちに。
先唱　わたしたちのために苦《くる》しみを受《う》けられたキリスト、いつくしみを。
会衆　キリスト、いつくしみをわたしたちに。
先唱　罪《つみ》びとのためにいのちをささげてくださった主《しゅ》よ、いつくしみを。
会衆　主《しゅ》よ、いつくしみをわたしたちに。

四旬節　二（洗礼志願者とともに）

先唱　飢《う》え渇《かわ》く人《ひと》にいのちの水《みず》を与《あた》えてくださる主《しゅ》よ、いつくしみを。

会衆　主《しゅ》よ、いつくしみをわたしたちに。

先唱　信《しん》じる人《ひと》の心《こころ》の目《め》を開《ひら》いてくださるキリスト、いつくしみを。

会衆　キリスト、いつくしみをわたしたちに。

先唱　ご自分《じぶん》に従《したが》う人《ひと》を、永遠《えいえん》のいのちに導《みちび》いてくださる主《しゅ》よ、いつくしみを。

会衆　主《しゅ》よ、いつくしみをわたしたちに。

復活節　一

先唱　エマオへの道《みち》をともに歩《あゆ》まれた主《しゅ》よ、いつくしみを。

会衆　主《しゅ》よ、いつくしみをわたしたちに。

先唱　聖書《せいしょ》をひもとき、弟子《でし》たちを力《ちから》づけて ↘

くださったキリスト、いつくしみを。

会衆　キリスト、いつくしみをわたしたちに。

先唱　パンを裂《さ》き、与《あた》えてくださる主《しゅ》よ、いつくしみを。

会衆　主《しゅ》よ、いつくしみをわたしたちに。

復活節　二

先唱　羊《ひつじ》の名《な》を呼《よ》び、緑《みどり》の牧場《まきば》に導《みちび》いてくださる主《しゅ》よ、いつくしみを。

会衆　主《しゅ》よ、いつくしみをわたしたちに。

先唱　ご自分《じぶん》の羊《ひつじ》のためにいのちをささげてくださるキリスト、いつくしみを。

会衆　キリスト、いつくしみをわたしたちに。

先唱　迷《まよ》った羊《ひつじ》を群《む》れに連《つ》れ戻《もど》してくださる主《しゅ》よ、いつくしみを。

会衆　主《しゅ》よ、いつくしみをわたしたちに。

典礼暦に合わせた回心の祈り　三

年間　一

先唱　御父《おんちち》への道《みち》である主《しゅ》よ、いつくしみを。

会衆　主《しゅ》よ、いつくしみをわたしたちに。

先唱　真理《しんり》のことばであるキリスト、
いつくしみを。

会衆　キリスト、いつくしみをわたしたちに。

先唱　永遠《えいえん》のいのちである主《しゅ》よ、いつくしみを。

会衆　主《しゅ》よ、いつくしみをわたしたちに。

年間　二

先唱　重荷《おもに》を負《お》う人《ひと》を招《まね》いておられる主《しゅ》よ、
いつくしみを。

会衆　主《しゅ》よ、いつくしみをわたしたちに。

先唱　柔和《にゅうわ》で謙遜《けんそん》なキリスト、いつくしみを。

会衆　キリスト、いつくしみをわたしたちに。

↘

先唱　疲《つか》れた人《ひと》を休《やす》ませてくださる主《しゅ》よ、
いつくしみを。

会衆　主《しゅ》よ、いつくしみをわたしたちに。

年間　三

先唱　すべての人《ひと》を御父《おんちち》の家《いえ》に立《た》ち返《かえ》らせてくださる主《しゅ》よ、いつくしみを。

会衆　主《しゅ》よ、いつくしみをわたしたちに。

先唱　罪《つみ》をゆるし、分裂《ぶんれつ》の痛《いた》みをいやしてくださるキリスト、いつくしみを。

会衆　キリスト、いつくしみをわたしたちに。

先唱　互《たが》いにゆるし合《あ》う力《ちから》を与《あた》えてくださる主《しゅ》よ、
いつくしみを。

会衆　主《しゅ》よ、いつくしみをわたしたちに。

年間　四

先唱　御父《おんちち》の愛《あい》を示《しめ》してくださる主《しゅ》よ、
いつくしみを。

会衆　主《しゅ》よ、いつくしみをわたしたちに。

先唱　わたしたちを友《とも》としてくださるキリスト、
いつくしみを。

会衆　キリスト、いつくしみをわたしたちに。

先唱　苦《くる》しむ者《もの》とともにいてくださる主《しゅ》よ、
いつくしみを。

会衆　主《しゅ》よ、いつくしみをわたしたちに。

続いて、司祭は罪のゆるしを祈る。

司祭　全能《ぜんのう》の神《かみ》、いつくしみ深《ふか》い父《ちち》がわたしたちの罪《つみ》をゆるし、永遠《えいえん》のいのちに導《みちび》いてくださいますように。

会衆　アーメン。

16ページ以下に続く。

叙唱

『ミサ典礼書』（一九七八年版）にある七十三の叙唱のうち、ここには次の二十四の叙唱を収めている。

40　待降節　一
41　待降節　二
42　降誕節　一
43　主の公現
44　主の洗礼
45　四旬節　一
46　四旬節　五
47　四旬節　六
48　主の受難　二
49　復活　一
50　主の昇天
51　聖霊降臨

52　三位一体
53　キリストの聖体
54　王であるキリスト
55　年間主日　一
56　年間主日　三
57　年間主日　五
58　年間主日　八
59　年間週日　五（第二奉献文の叙唱）
60　聖母マリア　一
61　使徒　二
62　聖人
63　死者　一

40　待降節　一　（第一主日から12月16日まで）

聖《せい》なる父《ちち》、全能永遠《ぜんのうえいえん》の神《かみ》、いつどこでも主《しゅ》・キリストによって賛美《さんび》と感謝《かんしゃ》をささげることは、まことにとうといたいせつな務《つと》め（です）。

キリストは人間《にんげん》のみじめさを帯《お》びてこの世《よ》に来《こ》られたとき、父《ちち》の定《さだ》められた愛《あい》の計画《けいかく》を実現《じつげん》し、わたしたちに永遠《えいえん》の救《すく》いの道《みち》をお開《ひら》きになりました。

栄光《えいこう》を帯《お》びてふたたび来《こ》られるとき、いまわたしたちが信頼《しんらい》してひたすら待《ま》ち望《のぞ》んでいることは、すべてかなえられます。

神《かみ》の威光《いこう》をあがめ、権能《けんのう》を敬《うやま》うすべての天使《てんし》とともに、わたしたちもあなたの栄光《えいこう》を終《お》わりなくほめ歌《うた》います。

41　待降節　二　（12月17日以降の待降節）

聖《せい》なる父《ちち》、全能永遠《ぜんのうえいえん》の神《かみ》、いつどこでも主《しゅ》・キリストによって賛美《さんび》と感謝《かんしゃ》をささげることは、まことにとうといたいせつな務《つと》め（です）。

主《しゅ》・キリストをすべての預言者《よげんしゃ》は前《まえ》もって語《かた》り、おとめマリアはいつくしみをこめて養《やしな》い育《そだ》て、洗《せん》礼者《れいしゃ》ヨハネはその到来《とうらい》を告《つ》げ知《し》らせました。

キリストはいま、その誕生《たんじょう》の神秘《しんぴ》を祝《いわ》う喜《よろこ》びをお与《あた》えになり、わたしたちは絶《た》えず目《め》ざめて祈《いの》り、賛美《さんび》しながら主《しゅ》を喜《よろこ》び迎《むか》えます。

神《かみ》の威光《いこう》をあがめ、権能《けんのう》を敬《うやま》うすべての天使《てんし》とともに、わたしたちもあなたの栄光《えいこう》を終《お》わりなくほめ歌《うた》います。

42　降誕節　一　（主の降誕と降誕節中）

聖《せい》なる父《ちち》、全能永遠《ぜんのうえいえん》の神《かみ》、いつどこでも主《しゅ》・キリストによって賛美《さんび》と感謝《かんしゃ》をささげることは、まことにとうといたいせつな務《つと》め（です）。

人《ひと》となられたみことばの神秘《しんぴ》によって、わたしたちの心《こころ》の目《め》にあなたの栄光《えいこう》の光《ひかり》が注《そそ》がれ、見《み》えるものとなられた神《かみ》を認《みと》めることによって、見《み》えないものへの愛《あい》に強《つよ》く引《ひ》かれます。

神《かみ》の威光《いこう》をあがめ、権能《けんのう》を敬《うやま》うすべての天使《てんし》とともに、わたしたちもあなたの栄光《えいこう》を終《お》わりなくほめ歌《うた》います。

43　主の公現　（主の公現の祭日）

聖《せい》なる父《ちち》よ、あなたの栄光《えいこう》をたたえ感謝《かんしゃ》をささげることは、まことにとうといたいせつな務《つと》め（です）。

あなたは御子《おんこ》キリストを遣《つか》わし、諸国《しょこく》の民《たみ》に救《すく》いの神秘《しんぴ》を示《しめ》してくださいました。キリストは死《し》に定《さだ》められた人間《にんげん》の姿《すがた》をもって現《あらわ》れ、わたしたちを不死《ふし》のいのちに呼《よ》びもどされます。

神《かみ》の威光《いこう》をあがめ、権能《けんのう》を敬《うやま》うすべての天使《てんし》とともに、わたしたちもあなたの栄光《えいこう》を終《お》わりなくほめ歌《うた》います。

44　主の洗礼　（主の洗礼の祝日）

聖《せい》なる父《ちち》、全能永遠《ぜんのうえいえん》の神《かみ》、いつもあなたをたたえ、感謝《かんしゃ》の祈《いの》りをささげます。

イエスがヨルダン川《がわ》で洗礼《せんれい》を受《う》けられたとき、あなたは御《おん》ひとり子《ご》が人《ひと》となって世《よ》に来《こ》られたことを、天《てん》からの声《こえ》によって示《しめ》されました。

また聖霊《せいれい》は鳩《はと》の姿《すがた》をして下《くだ》り、イエスが、油《あぶら》を注《そそ》がれた神《かみ》のしもべ、貧《まず》しい人《ひと》に福音《ふくいん》を告《つ》げるかたであることを知《し》らせてくださいました。

あなたの栄光《えいこう》をたたえる天使《てんし》とともに、救《すく》いの神秘《しんぴ》を祝《いわ》い、わたしたちも感謝《かんしゃ》の賛歌《さんか》をささげます。

45　四旬節　一　（四旬節中の主日）

聖《せい》なる父《ちち》、全能永遠《ぜんのうえいえん》の神《かみ》、いつどこでも主《しゅ》・キリストによって賛美《さんび》と感謝《かんしゃ》をささげることは、まことにとうといたいせつな務《つと》め（です）。

あなたは信《しん》じる人々《ひとびと》が復活《ふっかつ》の神秘《しんぴ》を喜《よろこ》びのうちに待《ま》ち望《のぞ》み、年《とし》ごとに心《こころ》を清《きよ》めて迎《むか》えるよう導《みちび》かれます。

こうしてわたしたちは祈《いの》りと愛《あい》のわざに励《はげ》み、新《あたら》しいいのちの秘跡《ひせき》にともにあずかり、神《かみ》の子《こ》の豊《ゆた》かな恵《めぐ》みに満《み》たされるよう努《つと》めます。

神《かみ》の威光《いこう》をあがめ、権能《けんのう》を敬《うやま》うすべての天使《てんし》とともに、わたしたちもあなたの栄光《えいこう》を終《お》わりなくほめ歌《うた》います。

46 四旬節 五 (第一主日)

聖《せい》なる父《ちち》、全能永遠《ぜんのうえいえん》の神《かみ》、主《しゅ》・キリストによっていつもあなたをたたえ、感謝《かんしゃ》の祈《いの》りをささげます。

主《しゅ》・キリストは四十日《よんじゅうにち》の断食《だんじき》によって、四旬節《しじゅんせつ》の務《つと》めを行《おこな》うわたしたちに模範《もはん》を示《しめ》されました。

悪霊《あくれい》のいざないを退《しりぞ》けられた主《しゅ》は、わたしたちが罪《つみ》の力《ちから》に打《う》ち勝《か》ち、清《きよ》い心《こころ》で過越《すぎこし》の神秘《しんぴ》にあずかり、復活《ふっかつ》の喜《よろこ》びを迎《むか》えるよう導《みちび》かれます。

み前《まえ》であなたを礼拝《れいはい》する天使《てんし》とともに、救《すく》いの恵《めぐ》みをたたえ、わたしたちも感謝《かんしゃ》の賛歌《さんか》をささげます。

47 四旬節 六 (第二主日)

聖《せい》なる父《ちち》、全能永遠《ぜんのうえいえん》の神《かみ》、主《しゅ》・キリストによっていつもあなたをたたえ、感謝《かんしゃ》の祈《いの》りをささげます。

主《しゅ》・キリストはご自分《じぶん》の死《し》を弟子《でし》たちにお告《つ》げになったのち、聖《せい》なる山《やま》で光《ひか》り輝《かがや》く姿《すがた》を現《あらわ》し、モーセと預言者《よげんしゃ》たちのことばの通《とお》り、苦《くる》しみを経《へ》て復活《ふっかつ》の栄光《えいこう》に入《はい》ることをお教《おし》えになりました。

神《かみ》の栄光《えいこう》をたたえる天使《てんし》とともに、わたしたちも喜《よろこ》び祝《いわ》い、感謝《かんしゃ》の賛歌《さんか》をささげます。

48 主の受難 二（受難の主日）

聖《せい》なる父《ちち》、全能永遠《ぜんのうえいえん》の神《かみ》、主《しゅ》・キリストによっていつもあなたをたたえ、感謝《かんしゃ》の祈《いの》りをささげます。

罪《つみ》のないキリストは苦《くる》しみをにない、罪《つみ》びとに代《か》わってさばきを受《う》けてくださいました。

キリストの死《し》は罪《つみ》を清《きよ》め、その復活《ふっかつ》はわたしたちに救《すく》いをもたらしました。

天《てん》も地《ち》もすべての天使《てんし》とともに、キリストをたたえて絶《た》え間《ま》なく歌《うた》います。

49 復活 一（復活徹夜祭と復活節中）

復活徹夜祭には「この夜」、復活の主日と八日間中は「この日に」、それ以外は「この時」と唱える。

聖《せい》なる父《ちち》よ、いつでも、また特《とく》にこの夜《よる》（この日《ひ》に／この時《とき》）、あなたをたたえ祝《いわ》うことは、まことにとうといたいせつな務《つと》め（です）。

わたしたちの過越《すぎこし》キリストは、世《よ》の罪《つみ》を取《と》り除《のぞ》かれたまことのいけにえの小羊《こひつじ》、ご自分《じぶん》の死《し》をもってわたしたちの死《し》を打《う》ち砕《くだ》き、復活《ふっかつ》をもってわたしたちにいのちをお与《あた》えになりました。

神《かみ》の威光《いこう》をあがめ、権能《けんのう》を敬《うやま》うすべての天使《てんし》とともに、わたしたちもあなたの栄光《えいこう》を終《お》わりなくほめ歌《うた》います。

50　主の昇天　（主の昇天の祭日）

聖《せい》なる父《ちち》、全能永遠《ぜんのうえいえん》の神《かみ》、罪《つみ》と死《し》に打《う》ち勝《か》ったキリストの勝利《しょうり》を祝《いわ》い、賛美《さんび》と感謝《かんしゃ》をささげます。キリストは復活《ふっかつ》の後《のち》すべての弟子《でし》に現《あらわ》れ、彼らの目《め》の前《まえ》で天《てん》に上《あ》げられて、わたしたちを神《かみ》のいのちにあずからせてくださいました。

天《てん》と地《ち》は主《しゅ》の復活《ふっかつ》の喜《よろこ》びに満《み》たされ、あなたをたたえるすべての天使《てんし》、聖人《せいじん》とともに、わたしたちも賛美《さんび》の歌《うた》を歌《うた》います。

51　聖霊降臨　（聖霊降臨の主日）

聖《せい》なる父《ちち》、全能永遠《ぜんのうえいえん》の神《かみ》、偉大《いだい》な救《すく》いのわざをたたえ、感謝《かんしゃ》をささげます。

御《おん》ひとり子《ご》とともに神《かみ》の国《くに》を継《つ》ぐ人々《ひとびと》の上《うえ》に、あなたはきょう聖霊《せいれい》を注《そそ》ぎ、過越《すぎこし》の神秘《しんぴ》を完成《かんせい》してくださいました。

聖霊《せいれい》は教会《きょうかい》の誕生《たんじょう》の時《とき》に、ことばの違《ちが》いを越《こ》えて諸国《しょこく》の民《たみ》にまことの神《かみ》を知《し》らせ、人々《ひとびと》を一《ひと》つの信仰《しんこう》のうちにお集《あつ》めになりました。

全世界《ぜんせかい》は復活《ふっかつ》の喜《よろこ》びに満《み》ち、すべての天使《てんし》はあなたの栄光《えいこう》をたたえ終《お》わりなく歌《うた》います。

52　三位一体　（三位一体の主日）

聖《せい》なる父《ちち》、全能永遠《ぜんのうえいえん》の神《かみ》、いつどこでも主《しゅ》・キリストによって賛美《さんび》と感謝《かんしゃ》をささげることは、まことにとうといたいせつな務《つと》め（です）。

あなたは御《おん》ひとり子《ご》と聖霊《せいれい》とともに唯一《ゆいいつ》の神《かみ》、唯一《ゆいいつ》の主《しゅ》。

わたしたちは父《ちち》と子《こ》と聖霊《せいれい》の栄光《えいこう》を等《ひと》しくたたえ、三位一体《さんみいったい》の神《かみ》を信《しん》じ、礼拝《れいはい》します。

天使《てんし》と大天使《だいてんし》は神《かみ》の威光《いこう》をたたえ、わたしたちも声《こえ》を合《あ》わせて賛美《さんび》の歌《うた》をささげます。

53　キリストの聖体　（キリストの聖体の祭日）

聖《せい》なる父《ちち》よ、主《しゅ》の晩《ばん》さんを祝《いわ》うわたしたちは、あなたの限《かぎ》りないいつくしみをたたえ、感謝《かんしゃ》の祈《いの》りをささげます。

永遠《えいえん》の祭司《さいし》キリストは、ご自分《じぶん》を救《すく》いのいけにえとしてあなたにささげ、唯一永遠《ゆいいつえいえん》の奉献《ほうけん》を全《まっと》うされました。

キリストのことばにしたがってわたしたちはその記念《きねん》を行《おこな》い、いのちのパンと救《すく》いの杯《さかずき》を受《う》けて、主《しゅ》が来《こ》られるまでその死《し》を告《つ》げ知《し》らせます。

神《かみ》の威光《いこう》をあがめ、権能《けんのう》を敬《うやま》うすべての天使《てんし》とともに、わたしたちもあなたの栄光《えいこう》を終《お》わりなくほめ歌《うた》います。

54　王であるキリスト（王であるキリストの祭日）

聖《せい》なる父《ちち》、全能永遠《ぜんのうえいえん》の神《かみ》、いつどこでも主《しゅ》・キリストによって賛美《さんび》と感謝《かんしゃ》をささげることは、まことにとうといたいせつな務《つと》め（です）。

あなたはひとり子《ご》である主《しゅ》イエス・キリストに喜《よろこ》びの油《あぶら》を注《そそ》ぎ、永遠《えいえん》の祭司《さいし》、宇宙《うちゅう》の王《おう》となさいました。キリストは十字架《じゅうじか》の祭壇《さいだん》で、ご自分《じぶん》を汚《けが》れのない和解《わかい》のいけにえとしてささげ、人類《じんるい》のあがないの神秘《しんぴ》を成《な》しとげられ、宇宙万物《うちゅうばんぶつ》を支配《しはい》し、その王国《おうこく》を限《かぎ》りない栄光《えいこう》に輝《かがや》くあなたにおささげになりました。

真理《しんり》と生命《せいめい》の国《くに》、聖性《せいせい》と恩恵《おんけい》の国《くに》、正義《せいぎ》と愛《あい》と平和《へいわ》の国《くに》。

神《かみ》の威光《いこう》をあがめ、権能《けんのう》を敬《うやま》うすべての天使《てんし》とともに、わたしたちもあなたの栄光《えいこう》を終《お》わりなくほめ歌《うた》います。

55　年間主日　一

聖《せい》なる父《ちち》、全能永遠《ぜんのうえいえん》の神《かみ》、いつどこでも主《しゅ》・キリストによって賛美《さんび》と感謝《かんしゃ》をささげることは、まことにとうといたいせつな務《つと》め（です）。

主《しゅ》・キリストは過越《すぎこし》の神秘《しんぴ》によって偉大《いだい》なわざを成《な》しとげられ、わたしたちを罪《つみ》と死《し》のくびきから栄光《えいこう》にお召《め》しになりました。

わたしたちはいま、選《えら》ばれた種族《しゅぞく》、神《かみ》に仕《つか》える祭司《さいし》、神聖《しんせい》な民族《みんぞく》、あがなわれた国民《こくみん》と呼《よ》ばれ、やみから光《ひかり》へ移《うつ》してくださったあなたの力《ちから》を世界《せかい》に告《つ》げ知《し》らせます。

神《かみ》の威光《いこう》をあがめ、権能《けんのう》を敬《うやま》うすべての天使《てんし》とともに、わたしたちもあなたの栄光《えいこう》を終《お》わりなくほめ歌《うた》います。

56 年間主日 三

聖《せい》なる父《ちち》、全能永遠《ぜんのうえいえん》の神《かみ》、主《しゅ》・キリストによっていつもあなたをたたえます。

あなたはすべての人《ひと》を救《すく》うために、御子《おんこ》をこの世《よ》にお遣《つか》わしになり、人《ひと》となられた御子《おんこ》は、その生《せい》と死《し》を通《とお》してわたしたちにいのちをもたらし、死《し》の淵《ふち》に沈《しず》んでいた人類《じんるい》を解放《かいほう》してくださいました。

み前《まえ》であなたを礼拝《れいはい》する天使《てんし》とともに、救《すく》いの恵《めぐ》みをたたえ、わたしたちも感謝《かんしゃ》の賛歌《さんか》をささげます。

57 年間主日 五

聖《せい》なる父《ちち》、全能永遠《ぜんのうえいえん》の神《かみ》、主《しゅ》・キリストによっていつもあなたをたたえます。

主《しゅ》・キリストは新《あたら》しい人《ひと》の初穂《はつほ》として人々《ひとびと》の中《なか》に生《う》まれ、十字架《じゅうじか》の苦《くる》しみによって罪《つみ》を滅《ほろ》ぼし、死者《ししゃ》のうちから復活《ふっかつ》して永遠《えいえん》のいのちへの道《みち》を開《ひら》き、あなたのもとに昇《のぼ》って天《てん》の門《もん》を開《ひら》いてくださいました。

すべての天使《てんし》と聖人《せいじん》とともに、あなたの栄光《えいこう》をたたえ、わたしたちも終《お》わりなくほめ歌《うた》います。

58 年間主日 八

聖《せい》なる父《ちち》、全能永遠《ぜんのうえいえん》の神《かみ》、いつもあなたをたたえ、感謝《かんしゃ》の祈《いの》りをささげます。

あなたは罪《つみ》のために散《ち》らされていた民《たみ》を、御子《おんこ》の血《ち》によってあがない、聖霊《せいれい》のうちに一《ひと》つに集《あつ》めてくださいました。

キリストのからだ、聖霊《せいれい》の神殿《しんでん》となった教会《きょうかい》は、父《ちち》と子《こ》と聖霊《せいれい》の交《まじ》わりにあずかり、天使《てんし》の歌声《うたごえ》に合《あ》わせてあなたの栄光《えいこう》をたたえます。

---

59 年間週日 五

聖《せい》なる父《ちち》よ、最愛《さいあい》の子《こ》、イエス・キリストを通《とお》して、いつどこでもあなたに感謝《かんしゃ》をささげることは、まことにとうといたいせつな務《つと》め（です）。

あなたはみことばによってすべてをお造《つく》りになりました。

みことばである御子《おんこ》は、救《すく》い主《ぬし》、あがない主《ぬし》としてわたしたちに遣《つか》わされ、聖霊《せいれい》によって人《ひと》となり、おとめマリアから生《う》まれ、み旨《むね》を果《は》たして、人々《ひとびと》をあなたの民《たみ》とするために、手《て》を広《ひろ》げて苦難《くなん》に身《み》をゆだね、死《し》を滅《ほろ》ぼして復活《ふっかつ》をお知《し》らせになりました。

わたしたちは声《こえ》を合《あ》わせて歌《うた》います、天使《てんし》とすべての聖人《せいじん》とともに、あなたの栄光《えいこう》をたたえて。

60 聖母マリア 一 (聖母の祝祭日)

聖《せい》なる父《ちち》、全能永遠《ぜんのうえいえん》の神《かみ》、いつどこでも主《しゅ》・キリストによって賛美《さんび》と感謝《かんしゃ》をささげることは、まことにとうといたいせつな務《つと》め(です)。

おとめマリアの祝日《しゅくじつ》にあたり(または……の祝日《しゅくじつ》にあたり)、あなたを賛美《さんび》しほめたたえます。

あなたは御《おん》ひとり子《ご》を聖霊《せいれい》によってマリアに宿《やど》らせ、おとめのほまれを保《たも》たせながら、永遠《えいえん》の光《ひかり》イエス・キリストをこの世《よ》にお遣《つか》わしになりました。

神《かみ》の栄光《えいこう》をたたえ、権能《けんのう》を敬《うやま》うすべての天使《てんし》はともに喜《よろこ》び祝《いわ》い、わたしたちもこれに合《あ》わせてつつしんでたたえます。

61 使徒 二 (使徒および福音記者の祝日)

聖《せい》なる父《ちち》、全能永遠《ぜんのうえいえん》の神《かみ》、主《しゅ》・キリストによっていつもあなたをたたえ、心《こころ》から感謝《かんしゃ》をささげます。

あなたは使徒《しと》たちを礎《いしずえ》として教会《きょうかい》をたて、教会《きょうかい》はすべての民《たみ》に福音《ふくいん》を告《つ》げ、救《すく》いの恵《めぐ》みをあらわす使命《しめい》を受《う》けています。

あなたの偉大《いだい》なわざをたたえ、すべての天使《てんし》とともに声《こえ》を合《あ》わせ、感謝《かんしゃ》の賛歌《さんか》を歌《うた》います。

62　聖人（すべての聖人の祝祭日）

聖《せい》なる父《ちち》、全能永遠《ぜんのうえいえん》の神《かみ》、聖人《せいじん》を通《とお》して示《しめ》されたあなたの栄光《えいこう》をたたえ、感謝《かんしゃ》の祈《いの》りをささげます。

あなたは聖人《せいじん》たちの信仰《しんこう》のあかしによって、いつも教会《きょうかい》に新《あたら》しい力《ちから》を注《そそ》ぎ、限《かぎ》りない愛《あい》を示《しめ》してくださいます。

わたしたちもその模範《もはん》に励《はげ》まされ、取《と》り次《つ》ぎの祈《いの》りに支《ささ》えられ、信仰《しんこう》の歩《あゆ》みを続《つづ》けます。

あなたをたたえるすべての天使《てんし》、聖人《せいじん》とともに、喜《よろこ》びのうちに賛美《さんび》の歌《うた》を歌《うた》います。

63　死者　一（死者の日ほか）

聖《せい》なる父《ちち》、全能永遠《ぜんのうえいえん》の神《かみ》、いつどこでも主《しゅ》・キリストによって賛美《さんび》と感謝《かんしゃ》をささげることは、まことにとうといたいせつな務《つと》め（です）。

キリストのうちにわたしたちの復活《ふっかつ》の希《き》望《ぼう》は輝《かがや》き、死《し》を悲《かな》しむ者《もの》も、とこしえのいのちの約束《やくそく》によって慰《なぐさ》められます。

信《しん》じる者《もの》にとって、死《し》は滅《ほろ》びではなく、新《あら》たないのちへの門《もん》であり、地上《ちじょう》の生活《せいかつ》を終《お》わった後《のち》も、天《てん》に永遠《えいえん》の住《す》みかが備《そな》えられています。

神《かみ》の威光《いこう》をあがめ、権能《けんのう》を敬《うやま》うすべての天使《てんし》とともに、わたしたちもあなたの栄光《えいこう》を終《お》わりなくほめ歌《うた》います。

第一・第四奉献文

64　第一奉献文（ローマ典文）

司祭は奉献文を唱える。（　）の部分は省くことができる。

いつくしみ深《ふか》い父《ちち》よ、
御子《おんこ》わたしたちの主《しゅ》イエス・キリストによって、いまつつしんでお願《ねが》いいたします。
この汚《けが》れのない聖《せい》なるささげものを受《う》け入《い》れ、✠ 祝福《しゅくふく》してください。
わたしたちは、まず聖《せい》なる普遍《ふへん》の教会《きょうかい》のために、これをあなたにささげます。
全世界《ぜんせかい》に広《ひろ》がる教会《きょうかい》に平和《へいわ》を与《あた》え、これを守《まも》り、一《ひと》つに集《あつ》め、治《おさ》めてください。
教皇《きょうこう》○○○、わたしたちの司教《しきょう》○○○、（協働司教及び補佐司教の名を加えることができる）
また、使徒《しと》からの普遍《ふへん》の信仰《しんこう》を正《ただ》しく伝《つた》えるすべての人《ひと》のためにこの供《そな》えものをささげます。

聖《せい》なる父《ちち》よ、あなたに信頼《しんらい》する人々《ひとびと》（○○○）を心《こころ》に留《と》めてください。

また、ここに集《つど》うすべての人《ひと》を心《こころ》に留《と》めてください。
その信仰《しんこう》と敬虔《けいけん》な心《こころ》をあなたはご存《ぞん》じです。
わたしたちとすべての親《した》しい人々《ひとびと》のためにこの賛美《さんび》のいけにえをささげ、
あがないと救《すく》いと平穏《へいおん》を願《ねが》って、永遠《えいえん》のまことの神《かみ》、あなたに祈《いの》ります。

「全教会の交わりの中で、わたしたちは」の後に祈りの加わる場合がある。

全教会《ぜんきょうかい》の交《まじ》わりの中《なか》で、わたしたちは
まず、神《かみ》である主《しゅ》イエス・キリストの母《はは》、栄光《えいこう》に満《み》ちた終生《しゅうせい》おとめマリアを思《おも》い起《お》こし、
聖《せい》ヨセフ、使徒《しと》と殉教者《じゅんきょうしゃ》、ペトロとパウロ、アンデレ、
(ヤコブ、ヨハネ、トマス、ヤコブ、フィリポ、バルトロマイ、マタイ、シモンとタダイ、
リノ、クレト、クレメンス、シスト、コルネリオ、チプリアノ、ラウレンチオ、クリソゴノ、
ヨハネとパウロ、コスマとダミアノ)
そして、すべての聖人《せいじん》を思《おも》い起《お》こします。
彼《かれ》らのいさおしと取《と》り次《つ》ぎによって、わたしたちをいつも守《まも》り強《つよ》めてください。
(わたしたちの主《しゅ》イエス・キリストによって。アーメン。)

「わたしたち奉仕者とあなたの家族……」の後に祈りの加わる場合がある。

聖《せい》なる父《ちち》よ、
わたしたち奉仕者《ほうししゃ》とあなたの家族《かぞく》のこの奉献《ほうけん》を受《う》け入《い》れてください。
あなたの平和《へいわ》を日々《ひび》わたしたちに与《あた》え、
永遠《えいえん》の滅《ほろ》びから救《すく》い、選《えら》ばれた者《もの》の集《つど》いに加《くわ》えてください。
(わたしたちの主《しゅ》イエス・キリストによって。アーメン。)

神《かみ》よ、この供《そな》えものを祝福《しゅくふく》し、受《う》け入《い》れ、み心《こころ》にかなうまことのいけにえとしてください。
わたしたちのために、最愛《さいあい》のひとり子《ご》、
主《しゅ》イエス・キリストの御《おん》からだと御血《おんち》になりますように。
主《しゅ》イエスは受難《じゅなん》の前夜《ぜんや》、聖《せい》なる手《て》にパンを取《と》り、
全能《ぜんのう》の父《ちち》、神《かみ》であるあなたを仰《あお》ぎ、
賛美《さんび》と感謝《かんしゃ》をささげ、裂《さ》いて、弟子《でし》に与《あた》えて仰《おお》せになりました。
「皆《みな》、これを取《と》って食《た》べなさい。
これはあなたがたのために渡《わた》される
わたしのからだ（である）。」

司祭がホスティアを示した後、会衆は司祭とともに手を合わせて深く礼をする。

食事《しょくじ》の後《あと》に同《おな》じように、
聖《せい》なる手《て》に、このとうとい杯《さかずき》を取《と》り、
賛美《さんび》と感謝《かんしゃ》をささげ、弟子《でし》に与《あた》えて仰《おお》せになりました。
「皆《みな》、これを受《う》けて飲《の》みなさい。
これはわたしの血《ち》の杯《さかずき》、あなたがたと多《おお》くの人《ひと》のために流《なが》されて
罪《つみ》のゆるしとなる新《あたら》しい永遠《えいえん》の契約《けいやく》の血《ち》（である）。
これをわたしの記念《きねん》として行《おこな》いなさい。」

司祭がカリスを示した後、会衆は司祭とともに手を合わせて深く礼をする。
続いて、司祭は唱える。

司祭　信仰《しんこう》の神秘《しんぴ》。

会衆は以下のいずれかをはっきりと唱える。

会衆　**主《しゅ》よ、あなたの死《し》を告《つ》げ知《し》らせ、復活《ふっかつ》をほめたたえます。**
再《ふたた》び来《こ》られるときまで。

または

会衆　**主《しゅ》よ、このパンを食《た》べ、この杯《さかずき》を飲《の》むたびに、**
あなたの死《し》を告《つ》げ知《し》らせます。再《ふたた》び来《こ》られるときまで。

または

会衆　**十字架《じゅうじか》と復活《ふっかつ》によってわたしたちを解放《かいほう》された世《よ》の救《すく》い主《ぬし》、**
わたしたちをお救《すく》いください。

聖《せい》なる父《ちち》よ、
わたしたち奉仕者《ほうししゃ》と聖《せい》なる民《たみ》も、
いま、御子《おんこ》わたしたちの主《しゅ》キリストのとうとい受難《じゅなん》、
死者《ししゃ》のうちからの復活《ふっかつ》、栄光《えいこう》に満《み》ちた昇天《しょうてん》を記念《きねん》し、

あなたが与《あた》えてくださったたまものの中《なか》から、
清《きよ》く、聖《せい》なる、汚《けが》れのないいけにえ、
永遠《えいえん》のいのちのパンと救《すく》いの杯《さかずき》を、栄光《えいこう》の神《かみ》、あなたにささげます。

このささげものをいつくしみ深《ふか》く顧《かえり》み、快《こころよ》く受《う》け入《い》れてください。
義人《ぎじん》アベルの供《そな》えもの、太祖《たいそ》アブラハムのいけにえ、
また、大祭司《だいさいし》メルキセデクが供《そな》えた聖《せい》なるささげもの、
汚《けが》れのないいけにえを受《う》け入《い》れてくださったように。

全能《ぜんのう》の神《かみ》よ、つつしんでお願《ねが》いいたします。
このささげものをみ使《つか》いによって、あなたの栄光《えいこう》に輝《かがや》く祭壇《さいだん》に運《はこ》ばせてください。
いま、この祭壇《さいだん》で、御子《おんこ》の聖《せい》なるからだと血《ち》にあずかるわたしたちが、
天《てん》の祝福《しゅくふく》と恵《めぐ》みで満《み》たされますように。
(わたしたちの主《しゅ》イエス・キリストによって。アーメン。)

聖《せい》なる父《ちち》よ、
信仰《しんこう》をもってわたしたちに先《さき》だち、安《やす》らかに眠《ねむ》る人々《ひとびと》(○○○○)を心《こころ》に留《と》めてください。
神《かみ》よ、この人々《ひとびと》とキリストのうちに眠《ねむ》りについたすべての人《ひと》に、慰《なぐさ》めと光《ひかり》と安《やす》らぎをお与《あた》えください。

（わたしたちの主《しゅ》イエス・キリストによって。アーメン。）
あなたの豊《ゆた》かなあわれみに信頼《しんらい》する罪深《つみふか》いわたしたちを、使徒《しと》と殉教者《じゅんきょうしゃ》の集《つど》いに受《う》け入《い》れてください。
洗礼者《せんれいしゃ》ヨハネ、ステファノ、マチア、バルナバ、
（イグナチオ、アレキサンドロ、マルチェリノとペトロ、フェリチタス、ペルペトゥア、
アガタ、ルチア、アグネス、セシリア、アナスタシア）
そして、すべての聖人《せいじん》にならう恵《めぐ》みを、
わたしたちの行《おこな》いによるのではなく、あなたのあわれみによってお与《あた》えください。
聖《せい》なる父《ちち》よ、キリストによって、あなたはつねにこのよいものを造《つく》り、聖《せい》なるものとし、
これにいのちを与《あた》え、祝福《しゅくふく》し、わたしたちに与《あた》えてくださいます。

司祭はホスティアを載せたパテナとカリスを手に取り、高く掲げて唱える。

司祭　キリストによってキリストとともにキリストのうちに、
聖霊《せいれい》の交《まじ》わりの中《なか》で、全能《ぜんのう》の神《かみ》、父《ちち》であるあなたに、
すべての誉《ほま》れと栄光《えいこう》は、世々《よよ》に至《いた》るまで、

会衆ははっきりと唱える。

会衆　**アーメン。**

34ページの交わりの儀（コムニオ）に続く。

65　第四奉献文

第四奉献文のときに必ずこの叙唱が用いられる。


聖《せい》なる父《ちち》よ、あなたの偉大《いだい》なわざをたたえ、感謝《かんしゃ》をささげることは、まことにとうとい大切《たいせつ》な務《つと》め（です）。

あなたは唯一《ゆいいつ》のまことの神《かみ》、初《はじ》めもなく終《お》わりもなく、すべてを超《こ》えて光《ひかり》り輝《かがや》くかた。

あふれる愛《あい》、いのちの泉《いずみ》、万物《ばんぶつ》の造《つく》り主《ぬし》。造《つく》られたものは祝福《しゅくふく》され、光《ひかり》を受《う》けて喜《よろこ》びに満《み》たされます。

数知《かずし》れない天使《てんし》は昼《ひる》も夜《よる》もあなたに仕《つか》え、栄光《えいこう》を仰《あお》ぎ見《み》て絶《た》え間《ま》なくほめたたえます。

わたしたちはこれに声《こえ》を合《あ》わせ、造《つく》られたすべてのものとともに、あなたをたたえて歌《うた》います。


会衆は司祭とともに感謝の賛歌（サンクトゥス）を歌うか、はっきりと唱える。


会衆　聖《せい》なる、聖《せい》なる、聖《せい》なる神《かみ》、すべてを治《おさ》める神《かみ》なる主《しゅ》。

主《しゅ》の栄光《えいこう》は天地《てんち》に満《み》つ。

天《てん》には神《かみ》にホザンナ。

主《しゅ》の名《な》によって来《こ》られるかたに賛美《さんび》。

天《てん》には神《かみ》にホザンナ。


聖《せい》なる父《ちち》、偉大《いだい》な神《かみ》よ、あなたをたたえます。

あなたは、英知《えいち》と愛《あい》によってすべてのわざを行《おこな》われました。

第四奉献文

ご自分《じぶん》にかたどって人《ひと》を造《つく》り、造り主であるあなたに仕え、造《つく》られたものをすべて治《おさ》めるよう、全世界《ぜんせかい》を人《ひと》の手《て》におゆだねになりました。人《ひと》があなたにそむいて親《した》しい交《まじ》わりを失《うしな》ってからも、死《し》の支配《しはい》のもとにおくことなく、すべての人《ひと》があなたを求《もと》めて見《み》いだすことができるよう、いつくしみの手《て》を差《さ》し伸《の》べられました。また、たびたび人《ひと》と契約《けいやく》を結《むす》び、預言者《よげんしゃ》を通《とお》して、救《すく》いを待《ま》ち望《のぞ》むよう励《はげ》ましてくださいました。

時《とき》が満《み》ちると、あなたはひとり子《ご》を救《すく》い主《ぬし》としてお遣《つか》わしになりました。聖《せい》なる父《ちち》よ、あなたはこれほど世《よ》を愛《あい》してくださったのです。御《おん》ひとり子《ご》は聖霊《せいれい》によって人《ひと》となり、おとめマリアから生《う》まれ、罪《つみ》のほかは、すべてにおいてわたしたちと同《おな》じものとなられました。貧《まず》しい人《ひと》には救《すく》いの福音《ふくいん》を告《つ》げ、とらわれ人《びと》には自由《じゆう》を、悲《かな》しむ人《ひと》には喜《よろこ》びをもたらし、あなたの計画《けいかく》を実現《じつげん》するため、死《し》に身《み》をゆだね、死者《ししゃ》のうちから復活《ふっかつ》して死《し》を滅《ほろ》ぼし、いのちを新《あたら》しくしてくださいました。

わたしたちが自分《じぶん》に生《い》きるのではなく、わたしたちのために死《し》んで復活《ふっかつ》されたキリストに生《い》きるために、父《ちち》よ、御子《おんこ》は信《しん》じる者《もの》に最初《さいしょ》のたまものとしてあなたのもとから聖霊《せいれい》を遣《つか》わしてくださいました。聖霊《せいれい》は、世《よ》にあってキリストの救《すく》いを全《まっと》うし、聖《せい》なるものとするわざをすべて完成《かんせい》してくださいます。

いつくしみ深《ふか》い父《ちち》よ、聖霊《せいれい》によってこの供《そな》えものを聖《せい》なるものとしてください。
キリストが永遠《えいえん》の契約《けいやく》としてわたしたちに残《のこ》されたこの偉大《いだい》な神秘《しんぴ》を祝《いわ》うために、
主《しゅ》イエス・キリストの御《おん》からだと ✠ 御血《おんち》になりますように。

聖《せい》なる父《ちち》よ、世《よ》にいる弟子《でし》を愛《あい》しておられたイエスは、
あなたから栄光《えいこう》を受《う》ける時《とき》が来《き》たことを知《し》り、彼《かれ》らを限《かぎ》りなく愛《あい》されました。
主《しゅ》イエスは、食事《しょくじ》をともにする間《あいだ》にパンを取《と》り、賛美《さんび》をささげ、
裂《さ》いて、弟子《でし》に与《あた》えて仰《おお》せになりました。
「皆《みな》、これを取《と》って食《た》べなさい。
これはあなたがたのために渡《わた》される
わたしのからだ（である）。」

司祭がホスティアを示した後、会衆は司祭とともに手を合わせて深く礼をする。

同《おな》じように
ぶどう酒《しゅ》の満《み》ちた杯《さかずき》を取《と》り、感謝《かんしゃ》をささげ、弟子《でし》に与《あた》えて仰《おお》せになりました。
「皆《みな》、これを受《う》けて飲《の》みなさい。
これはわたしの血《ち》の杯《さかずき》、あなたがたと多《おお》くの人《ひと》のために流《なが》されて
罪《つみ》のゆるしとなる新《あたら》しい永遠《えいえん》の契約《けいやく》の血《ち》（である）。
これをわたしの記念《きねん》として行《おこな》いなさい。」

司祭がカリスを示した後、会衆は司祭とともに手を合わせて深く礼をする。

続いて、司祭は唱える。

司祭　信仰《しんこう》の神秘《しんぴ》。

会衆は以下のいずれかをはっきりと唱える。

会衆　主《しゅ》よ、あなたの死《し》を告《つ》げ知《し》らせ、復活《ふっかつ》をほめたたえます。再《ふたた》び来《こ》られるときまで。

または

会衆　主《しゅ》よ、このパンを食《た》べ、この杯《さかずき》を飲《の》むたびに、あなたの死《し》を告《つ》げ知《し》らせます。再《ふたた》び来《こ》られるときまで。

または

会衆　十字架《じゅうじか》と復活《ふっかつ》によってわたしたちを解放《かいほう》された世《よ》の救《すく》い主《ぬし》、わたしたちをお救《すく》いください。

第四奉献文

聖《せい》なる父《ちち》よ、わたしたちはいま、あがないの記念《きねん》をともに行《おこな》い、キリストの死《し》と、陰府《よみ》に下《くだ》られたことを思《おも》い起《お》こし、その復活《ふっかつ》と、あなたの右《みぎ》に上《あ》げられたことを宣言《せんげん》します。主《しゅ》が栄光《えいこう》のうちに来《こ》られる日《ひ》を待《ま》ち望《のぞ》み、あなたに受《う》け入《い》れられ、全世界《ぜんせかい》の救《すく》いとなるこのいけにえ、キリストの御《おん》からだと御血《おんち》をささげます。

父《ちち》よ、あなたが教会《きょうかい》にお与《あた》えになったこのいけにえを顧《かえり》み、この一《ひと》つのパンと杯《さかずき》を分《わ》かち合《あ》うすべての人《ひと》を、聖霊《せいれい》によって一《ひと》つのからだに集《あつ》めてください。
キリストのうちにあって、あなたの栄光《えいこう》をたたえる生《い》きたささげものとなりますように。
父《ちち》よ、すべての人《ひと》を心《こころ》に留《と》めてください。その人々《ひとびと》のために、この供《そな》えものをささげます。
教皇《きょうこう》○○○○をはじめ、わたしたちの司教《しきょう》○○○○、（協働司教及び補佐司教の名を加えることができる）
司教団《しきょうだん》とすべての奉仕者《ほうししゃ》、ここに集《つど》う人々《ひとびと》、あなたの民《たみ》と、神《かみ》を求《もと》めるすべての人《ひと》、
また、キリストを信《しん》じて亡《な》くなった人《ひと》、
あなただけがその信仰《しんこう》を知《し》っておられるすべての死者《ししゃ》を心《こころ》に留《と》めてください。
いつくしみ深《ふか》い父《ちち》よ、あなたの子《こ》であるわたしたちすべてを顧《かえり》み、神《かみ》の母《はは》おとめマリアと聖《せい》ヨセフ、
使徒《しと》と聖人《せいじん》とともに、あなたの国《くに》で、約束《やくそく》されたいのちにあずからせてください。
その国《くに》で、罪《つみ》と死《し》の腐敗《ふはい》から解放《かいほう》された宇宙万物《うちゅうばんぶつ》とともに、
主《しゅ》キリストによって、あなたの栄光《えいこう》をたたえることができますように。
わたしたちの主《しゅ》イエス・キリストを通《とお》して、あなたはすべてのよいものを世《よ》にお与《あた》えになります。

司祭はホスティアを載せたパテナとカリスを手に取り、高く掲げて唱える。

司祭　キリストによってキリストとともにキリストのうちに、聖霊《せいれい》の交《まじ》わりの中《なか》で、
全能《ぜんのう》の神《かみ》、父《ちち》であるあなたに、すべての誉《ほま》れと栄光《えいこう》は、世々《よよ》に至《いた》るまで、

会衆ははっきりと唱える。

会衆　アーメン。

34ページの交わりの儀（コムニオ）に続く。

66　水の祝福と灌水

通常の回心の祈りの代わりに行われる場合、司祭はあいさつの後、自席で立って会衆に向かい、たとえば次のようなことばで会衆を祈りに招く。

司祭　皆《みな》さん、神《かみ》によって造《つく》られたこの水《みず》が祝福《しゅくふく》されるよう祈《いの》りましょう。
この水《みず》は、洗礼《せんれい》の恵《めぐ》みを思《おも》い起《お》こすために、わたしたちの上《うえ》に注《そそ》がれます。
わたしたちが聖霊《せいれい》の導《みちび》きに従《したが》って生《い》きることができますように。

しばらく沈黙のうちに祈った後、司祭は以下の祈りを唱える。

司祭　全能永遠《ぜんのうえいえん》の神《かみ》よ、
あなたは水《みず》を造《つく》り、
すべてにいのちを与《あた》え、清《きよ》めてくださいます。
この水《みず》によって、わたしたちの心《こころ》は罪《つみ》から清《きよ》められ、
永遠《えいえん》のいのちの恵《めぐ》みに満《み》たされます。
いま、この水《みず》を祝福《しゅくふく》 ✠ してください。
わたしたちのうちにいのちの泉《いずみ》をわき出《だ》させ、
心《こころ》とからだをあらゆる悪《あく》から守《まも》ってください。

清《きよ》い心《こころ》でみもとに近《ちか》づき、
救《すく》いの恵《めぐ》みにふさわしくあずかることができますように。
わたしたちの主《しゅ》イエス・キリストによって。

会衆　**アーメン。**

または

司祭　いのちの源《みなもと》である神《かみ》よ、
あなたは心《こころ》とからだを生《い》かしてくださるかたです。
いま、この水《みず》を祝福《しゅくふく》 ✠ してください。
信仰《しんこう》をもってこの水《みず》を用《もち》いるわたしたちの罪《つみ》をゆるし、
すべての病《やまい》と悪《あく》の誘惑《ゆうわく》からお守《まも》りください。
神《かみ》よ、あなたのあわれみによって、
救《すく》いをもたらすいのちの水《みず》を、
いつもわたしたちのうちにわき出《だ》させてください。
あらゆる危険《きけん》から守《まも》られ、
清《きよ》い心《こころ》でみもとに近《ちか》づくことができますように。
わたしたちの主《しゅ》イエス・キリストによって。

会衆　**アーメン。**

水の祝福と灌水

復活節に

司祭

全能《ぜんのう》の神《かみ》よ、
ここに集《つど》うあなたの民《たみ》の祈《いの》りを聞《き》き入《い》れてください。
わたしたちは創造《そうぞう》とあがないの神秘《しんぴ》を思《おも》い起《お》こします。
いま、この水《みず》を祝福《しゅくふく》 ✠ してください。
あなたは水《みず》を造《つく》り、大地《だいち》を潤《うるお》して豊《ゆた》かに実《みの》らせ、
すべてを清《きよ》め、養《やしな》ってくださいました。
あなたはまた、水《みず》によっていつくしみを示《しめ》してくださいました。
イスラエルの民《たみ》は海《うみ》を渡《わた》って解放《かいほう》され、
荒《あ》れ野《の》では渇《かわ》きをいやされ、
あなたが人《ひと》と結《むす》ぼうとされた新《あたら》しい契約《けいやく》を、
預言者《よげんしゃ》は水《みず》の働《はたら》きによって告《つ》げ知《し》らせ、
キリストはヨルダン川《がわ》で水《みず》を清《きよ》められました。
神《かみ》よ、こうしてあなたは、
罪《つみ》によって死《し》に定《さだ》められた人間《にんげん》を、
新《あたら》しいいのちに導《みちび》いてくださいます。

わたしたちがこの水《みず》によって自《みずか》らの洗礼《せんれい》を思《おも》い起《お》こし、
復活祭《ふっかつさい》に洗礼《せんれい》を受《う》けた人々《ひとびと》とともに、
喜《よろこ》びを分《わ》かち合《あ》うことができますように。
わたしたちの主《しゅ》イエス・キリストによって。

会衆　**アーメン。**

聖水に塩を混ぜることが適当と思われるなら、司祭は任意で塩を祝福することができる。

司祭　全能《ぜんのう》の神《かみ》よ、この塩《しお》を祝福《しゅくふく》 ✠ してください。
預言者《よげんしゃ》エリシャは水《みず》に塩《しお》を混《ま》ぜて水《みず》を清《きよ》めました。
この塩《しお》と水《みず》が注《そそ》がれる所《ところ》はどこでも、
あらゆる悪《あく》が退《しりぞ》けられ、
そこにとどまる聖霊《せいれい》によってわたしたちが守《まも》られますように。
わたしたちの主《しゅ》イエス・キリストによって。

会衆　**アーメン。**

司祭は沈黙のうちに少量の塩を聖水に混ぜる。

司祭は奉仕者と会衆に灌水する。適当なら教会堂内を回って灌水し、その間、ふさわしい歌を歌う。

司祭は席に戻り、歌が終わると会衆に向かって立ち、唱える。

司祭　全能《ぜんのう》の神《かみ》が、わたしたちを罪《つみ》から清《きよ》め、
この感謝《かんしゃ》の祭儀《さいぎ》を通《とお》して、
天《てん》の国《くに》の食卓《しょくたく》にあずかる恵《めぐ》みを与《あた》えてくださいますように。

会衆　アーメン。

または

司祭　全能《ぜんのう》の神《かみ》、いつくしみ深《ふか》い父《ちち》がわたしたちの罪《つみ》をゆるし、
永遠《えいえん》のいのちに導《みちび》いてくださいますように。

会衆　アーメン。

16ページ以下に続く。

ともにささげるミサ —— ミサの式次第　会衆用　新訂版

1988年８月15日　初 版 発 行
2022年７月15日　新訂版第１刷発行
2024年８月15日　新訂版第４刷発行

東京大司教認可済
定価：本体700円＋税

編　者　オリエンス宗教研究所
発行者　オリエンス宗教研究所
代　表　C・コンニ
〒156-0043　東京都世田谷区松原2-28-5
Tel 03-3322-7601　Fax 03-3325-5322
https://www.oriens.or.jp/
印刷者　有限会社 東光印刷

ISBN978-4-87232-117-3　Printed in Japan